Martina González Duarte

Tini Víctima de la trata de blancas

Martina González Duarte

Tini Víctima de la trata de blancas

Una historia basada en la vida de la joven llamada Tini - un hecho lleno de terror y Valentia

JustFiction Edition

Imprint

Cover image: www.ingimage.com

Publisher:
JustFiction! Edition
is a trademark of
International Book Market Service Ltd., member of OmniScriptum Publishing Group
17 Meldrum Street, Beau Bassin 71504, Mauritius

Printed at: see last page
ISBN: 978-620-0-48954-8

Parte:1
SUBTÍTULO- Una historia basada en la vida de la joven llamada Tini Víctima de la trata de blancas, un hecho lleno de terror y Valentia.

En un tiempo no muy lejano, en un pequeño pueblo vivía una joven llamada Tini, en realidad una adolecente seguia su estudio en una pequeña escuelita, estaba por terminar su primaria ella tenía 13 años cursaba la primaria, ella una niña muy aplicada en su clase le encantaba las Matemáticas las exposiciones, se subía a los árboles de su casa para concentrarse y que nadie la molestara, una niña con pensamientos de madures.

Ella a esa edad ya planeaba como quería su casa alguna vez cuando sea grande decía que le encantaría estudiar arquitectura o literatura más le gustaba diseñar planos, jardines decía que sería Arquitecta y ella era una niña que defendía mucho sus derechos no se callaba ante las injusticias no le importaba las consecuencias, una nena de 13 años con mente de 20

Ella odiaba cosas de la escuela y siempre se enojaba cuando se cometía alguna injusticia ,le molestaba ver relaciones entre docentes castigos injustificados y les decía que estaba mal y se enojaban con ella la castigaban con sanciones la suspendían por dias de su clase, pasó el tiempo y terminó la escuela y como era una precaria escuela no tenía para seguir sus estudios ahí solo había curso asta sexto grado.

Entonces decidió un día ir a trabajar para la capital a trabajar como niñera y seguir su colegio en la época de las vacaciones se fue a trabajar, era su primera vez ala ciudad todo le resultó diferente ,difícil pero no Imposible desempeño muy bien su trabajo ,pero se dio cuenta que no era trabajo para ella que no era eso loq ella quería para su vida.

Volvió a su casa alli continuó ayudando asu mamá en todo salía a vender frutas y verduras en una canasta, ahí por su pueblo todos la conocían y la ayudaban era una niña muy trabajadora no le temía a cualquier desafío que se proponía,cumplio los 14 años y nuevamente salió en busca de una nueva oportunidad esta vez era con unos antiguos amigos le gustaba cantar y salió a probar suerte y nuevamente fracasó por cuestiones económicas...volvió asu casa con el alma rota con su sueño cada vez más lejos ya parecía casi imposible , no había podido aún terminar su colegio y ya cumplia sus 15 años.

Los padres eran estrictoscon ella Si te portas bien se te festeja o si no ,no vale la pena festejar nada ,ella una niña bien portada porque también quería su fiesta como toda niña era lo máximo algo mágico que solo una vez se puede vivir.y sus abuelos asían todo lo posible para que eso no sucediera la difamaban ante sus padres la hacían castigar con maltratos físicos y sicológicos sus abuelos maternos siempre la odiaron desde el día que vino al mundo ella nunca supo el porque así de sus abuelos, ella siempre se defendía pero no bastaba porque era la palabra de ella contra los padres de su mamá,era un conflicto tan vergonzoso y triste que la llevaron a tini a intentar suicidarse lo intento de varias formas pero de una o de otra manera no lo logró.

Llegó el gran día cumplió sus 15 años y se los festejo una muy linda ceremonia todo bien pasó algunas semanas y conoció a un joven que sería el amor de su vida,Fue como un amor a primera vista ella vendía frutas y el trabajaba en un pequeño puesto en el pueblo sus miradas se cruzaron y rápidamente entablaron una conversación ella la invitó asu casa el acepto después de algunos días el la visito compartieron la comida ella le mostró la fotos de su fiesta de 15 ella le pregunto asus padres si el podia seguir frecuentando su casa ya que era de una de las familias más conocidas y antiguos del pueblo

Una familia respetable sus padres aceptaron que el la visite los fines de semana.. ella por fin había encontrado la oportunidad de salir de su casa ya que se sentía prisionera nadie confiaba en ella en su casa porque siempre las opiniones de los demás contaba más que de la misma Tini. Pasaron las semanas se hicieron novios con el joven todos los fines de semana el se iba junto a ella se hicieron novios meces después.

Bueno un día menos pensado ella y su madre se encuentran a una mujer que era de su barrio que actualmente ella trabajaba en otro Pais , rápidamente ella les comenta que gana muy bien en donde esta y que venía para llevar mas personas que su jefa necesitaría a más gente porque la casa donde ella trabaja era una Manción y ella ya no podría sola,Tini de una dijo !esta es la oportunidad que había esperado todo estos años..le convenció asus padres para que la dejaran viajar ya había cumplido los 16 y se sentía preparada para enfrentar cualquier cosa para salir adelante y cumplir sus sueños,ella le comento asu novio , el le dijo que no le gustaba la idea que no le conocían bien ala señora y que no debería de arriesgarse de esa manera

ella hiso caso omiso a sus palabras y aceptó viajar con la persona para el otro Pais Sin Imaginarse que desde que ella salía de su casa comenzaba recién su pesadilla ,esa noche víspera de su viaje sus padres le permitieron compartir la cama con su novio.. por primera vez loq su padre dijo fue,mi hija desde mañana va Asia el otro Pais no sabemos que pueda pasarle ni como vaya a regresar y les permitiré que está noche compartan la cama su novio sorprendido dijo 'No ase falta Señor yo confío en ella y si ella no quiere y no está de acuerdo yo no puedo aceptar no me parece bien y loq tenga que pasar va pasar me duerma o no con ella está noche' y ahí ella salió y dijo acepto dormir junto a él no tengo porque avergonzarme, se quien soy como soy, y loq valgo las cosas no van a cambiar para nada después de esta noche ya desidi irme para el otro lado

ella muy enamorada de él su primer novio ,su primer amor pasaron una noche inolvidable se entregaron uno al otro ,fue mágico el la amó ,la cuido y la mimó mucho y ella feliz amaneció en sus brazos conversaron y el le pregunta ?tini mi amor estás segura de irte hoy estás segura de este paso que vas a dar?

Y ella le dice si ya lo desidi y me voy ,voy a probar Suerte y si todo me sale bien vuelvo en un año y seguimos nuestras vidas..y me quedo contigo para nunca más irme de tu lado .Entonces ella se prepara para emprender su viaje ,fue difícil sí para todos era la primera vez que Tini salía para otro Pais todo un desafío para ella , entonces se despide de su familia sus padres la bendicen y su novio la lleva para tomar el bus

ahí aquella señora ya la esperaba para viajar juntas ella con sus papeles en mano permisos de sus papás para viajar todo,muy emocionada pero con poco dinero era tan poco que solo le alcanzaba para ir y no asi regresar,su confianza todo puestas en aquella señora que parecía tan buena persona ,con esposo hijos toda una dama hermosa limpia, llega el momento por fin de subir al bus Tini abraza fuerte asu novio y le dice te extrañare no te olvides de mí y se van

Por el camino ella curiosa le pregunta Señora y como es la casa dond nos vamos? Y ella le dice grande muy grande,solo eso le respondió y miro asia otro lado, su mirada lleno de misterios no era capas de mirarle alos ojos ala joven ella trataba de convrsar con ella ya que era un viaje largo que tenían que hacer juntas,ella no le dirigía la palabra ala joven y cualquier pregunta con respecto al trabajo ella solamente esquivaba la conversación

Entonces ella dice acá pasa algo raro,tengo que descubrir que pasa porque la señora cambio tanto de unas horas para acá porque no me quiere hablar del trabajo ni de la dueña de la casa adónde vamos,ella se puso a pensar fue al baño ella nerviosa dijo será que me lleva para otra cosa ? No creo es una señora de confianza de mi barrio tiene familia entonces se tranquilizo mas y volvió asu aciento la señora fingía dormirse para evitar hablar con ella.

Entonces después de casi dos días de viaje en bus por fin llegan ala capital del otro país,las dudas que ella tenía queria tanto aclarar tenía tanto miedo q no se aguanto y

–

Parte: 2

Y entonces la invita a sentarse en unos banquillos que se encontraban ahí y ella le dice ala señora dígame usted ,Cuanto gana en su trabajo paga bien la señora???
Ella con una respuesta contundente respondió,Mira Tini yo gano bien y depende de ti ganar como yo, ahí en esa casa depende de cada una cuanto gana todos los días, entonces ella desconcertada le dice 'como que depende de cada una que no eras tu la única doméstica en la casa?

Y ella le dice No.. somos muchas y tu serás una más así que resignate y deja de preguntarme las cosas, falta poco para llegar y ahí ya te explicarán todo entonces ahí ella ya se dio cuenta que no la llevaba para algo bueno como lo había prometido asus padres y a ella misma,ella desesperada no supo que hacer, sin dinero sin comunicación, pero muy en el fondo aún confiaba en la señora y decidió seguir si viaje con ella Tini dijo voy a irme con ella total y vine y tengo que asumir las consecuencias de mis actos Y depende de mí que me pase o no algo malo la palabra tiene poder y yo me defenderé de cualquier cosa que se presente hablando.

Así continúan su viaje,y después de un largo dia al fin llegan a un pequeño pueblo a donde la buscarían, el chófer de la casa donde trabajaba supuestamente de doméstica esperaron y nunca nadie las busco, entonces toman un taxi asta la casa donde iban. Viajaron casi una hora del pueblo para llegar ala casa entraron en un lugar muy solitario casi no había viviendas , parecía sona como casa de campo, después al fin encuentran un gran Portón y alrededor había muchos Árboles y un Pequeño Cartel Donde decía "Mimitos" y la flecha apuntaba Asia donde ellas se iban ,la casa quedaba muy retirado y escondido de la ruta principal.

Bueno al fin llegan ala casa se bajan del auto la señora la invita a pasar entran y no escuchan ni un alma en la casa, Tini preocupada toma agua y se sienta en un sillón mientras la otra prepara un café asia frío muy frío, después de repente ve que aparece más personas en la sala chicas bostezando se la veía cansadas demacradas entonces, Tini asustada se va al sanitario rompió en llanto diciendo porque me pasó esto como me salvo de estas personas que me quieren hacer daño

Ella vuelve ala sala y la chicas le dicen "Bienvenida ala manada"y ella muy nerviosa y alterada les responde que creen que dicen yo no trabajaré como ustedes yo no soy igual que ustedes, entonces una de ella se levanta y le da 2 cachetadas a Tini la agarran del cabello y le dicen no te quieras acer la exquisita, una vez que entras a esta casa te vuelves igual o peor que nosotras "Señorita" la Golpearon cada una eran como como 8 mujeres contra Tini la señora que la llevó se encerró en una habitación y no salió a defenderla

Y luego aparece la dueña de la casa una señora fina hermosa y la llama a Tini asu oficina y ahí la saluda y lo primero que le ocurrió enñarle fue a como usar el preservativo de forma correcta y ella le dice Señora que cree que hace ?yo no vine para trabajar como estas mujeres porfavor no me haga esto y entonces la señora le responde!! Ya estas acá y ya es muy tarde para arrepentirte, no tienes opcion tengo tus documentos tu permiso y no tienes como salir de acá.

Tini se levanta y dice yo no puedo trabajar así tengo mi novio ,mi familia y soy menor de edad usted no me puede obligar a hacer algo que no quiero señora, y entonces la señora descaradamente le pregunta y dime

Tini Cuanto te paga tu novio para tener sexo contigo?o eres tan tonta que lo haces de gratis? Y entonces Tini le responde fíjate que si lo hago de gratis porque lo hago por amor y no por dinero,y además apenas una vez recien tuve relación con mi novio ,Ooooop entonces prácticamente eres Virgen le responde la señora ,mejor aún subastaremos tu virginidad al mejor postor y te volverás Rica Tini alegrate que tenemos mucho que hacer.

Ella muy triste no supo como lidiar con esa situación se fue a descansar y ahí la señora que la llevó y se fue a disculpar con ella y Tini no sabía que responderle en ese momento, fue tan grande su dolor que ni siquiera tuvo ánimos de discutir ni de reprocharle nada ala señora que la llevó al mismísimo infierno

Paso la noche Tini se había salvado porque estaba muy cansada y se le notaba mucho los golpes que recibió ese dia de parte de las chicas,el día siguiente se levantó preparo su desayuno limpio partes de la casa porque todo el mundo durmia como si fuera de noche,de repente aparece alguien y la saluda amablemente se presenta con ella le ofrece ayuda con la limpieza era alguien que no estaba entre las chicas el día que llegó

Entones a Tini le dio confianza la chica y le cuenta su situación, ella muy espantada le dice eres menor de edad? Entonces para que viniste nena y Tini le cuenta que la llevaron engañada , entonces la chica le dice sabes que? te voy a ayudar mientras sabes que hacer,podés ganar algún. Dinerito podés lavarme mi ropa, planchar y limpiar mi pieza, ella feliz aceptó y dijo no me importa quedarme acá haciendo cualquier cosa siempre y cuando no me obliguen a trabajar como ellos quieren.

Entonces los primeros días se salva lava las ropas cocina y temprano se levanta mientras todas se duerme en la casa ella disfrutaba del dia y ganaba su dinerito , después derrepente la manda a llamar la dueña quiere hablar con ella mando decirle que era muy importante ,ooh ella pensó y dijo seguro se dió cuenta de su error y me dajara volver a casa , ella feliz se fue junto a ella

Una vez estando con la dueña empieza. Decirle muchas cosas que piense bien que podía ganar mucho dinero siendo dama de compañía porque le decía que era muy linda y todos sus clientes la preferirían a ella que no sea boba y aprovechara y que estaba en ese lugar intento de todas las maneras posibles convencerla y ella se levantó derrepente y le responde !No señora ya le dije que no, ya no insista porfavor

Ahí la señora le dice lo ciento mucho pero desde hoy te vas al salón con nosotras , si quieres comer trabaja y Tini le responde No Señora! Usted no me va a ogligar a hacer algo que no quiero y si me obliga ,le juro que quien va salir perdiendo no seré yo le juro señora! Si usted me lleva obligada asu salón voy a empezar a gritar que soy menor y que me tienen obligada ahí, si no logro salvarme por lo menos vas a sentir vergüenza de todos tus clientes así que piensa bien señora.

Parte:3

Ahí la señora cómo que reacciona y le dice Tini , esta bien estos días vas al salón asta la media noche nada más y vas a sentarte a lado mío si te invitan algún refresco vas a a porque con eso también puedes ganar algo de dinero te presentaré como mi sobrina, y si la policía del control viene tu ni le miras cualquier duda yo hablo con el y ahí Tini como que le surgió una esperanza porque ya se que todas las noches vienen agentes a revisar si no hay menor trabajando.

Bueno esa noche la preparan ,la maquillan para que parezca más mayor, ya pasaron los 5 días que la llevaron , bueno esa noche la señora la mantuvo tras la barras la tenía bien controlada Tini no podía hacer nada ni pedir ayuda como demostraría que es menor si no tenía sus documentos ahí les habían confiscado todo al llegar ala casa bueno la primera noche la invitaron muchos refrescos y conversaron con ella todo así bien pero siempre cerca y alos ojos de la señora ,ya pasó la media noche, ella se retira la señora la acompaña asta su habitación y la encierra con llave

El día siguiente lo mismo está vez ya la habían invitado más cosas le habían dedicado canciones asta broma le hicieron y Tini fijándose siempre en una salida en como podía escapar de ese lugar la policía venía Asia una ronda y se volvía a ir nuevamente ella se retira pero esta vez la señora se había olvidado de su llave y no la encerró , entonces ella dice esta es mi oportunidad voy a escaparme , pero recordó que habían entrado mucho de la ruta principal y que sería muy peligroso seguir el mismo camino que los clientes que entran y salen de ese lugar y que podía pasarle algo peor si se encontraba con esas personas a media noche y se tranquilizo y se puso a pensar de como podía escapar de ahí se puso a planear ideas posibles de escape.

El día siguiente una semana ya con ellos Tini se enteró que la señora que la había llevado la que era de su barrio llevaba una doble vida ahí ,tenía su pareja ahí con el único que ella tenia relaciones sexuales era como su cliente esclusivo. Tini se desconcertó tanto que no podía creer ,parecía tan buena persona tan digna y era todo lo contrario ella se veía poco con Tini porque se pasaba de compras y salidas con su Amante mientras Tini sufría ella se desentendía del caso una mujer dura que no le importo el sufrimiento y desesperación de la joven.

Pasó ya una semana y algo y ella pide ala dueña hablar con su familia le dijeron que si y la llevaron en un pequeño pueblito en una cabina y llamaron asu familia las chicas entraron con ella atajaban del brazo y escuchan todo loq decía para que no se le ocurriera contar loq estaba pasando ,no pudo Tini pedir ayuda porque la tenían controlada y así paso otra oportunidad de Tini, fue la primera y última vez que hablo con su familia nunca pudo llamar asu novio

Después días después faltaba cosas en la casa y era de día y todas querían dormir y Tini no, porque ella no madrugaba como ellas entonces la dueña llama a Alguien para que lleve a Tini a comprar las cosas , y justo era el amante de la señora que la llevó lo llamó a el porque así le pedía el favor de vigilarme todo momento,bueno salen y después llegan al pueblito compran todo y por el camino de vuelta ala casa Tini se deside hablar con el señor ,le comenta cosas y le pregunta si ya hacía mucho que era pareja de la señora y el le responde ! sii desde que vino para acá ella trabaja igual que todas ustedes asta que le pedí que fuera solo mia y ahora me atiende solo ami así mismo le respondió el señor y entonces

Tini le pregunta y Usted sabe señor que ella tiene su familia a nuestro Pais ? ella tiene esposo asta hijos allá y su familia no sabe aque se dedica ella por acá, ami me trajo engañada diciéndome que trabajariamos de doméstica porfavor ayudame señor yo no quiero estar acá y el señor le respondió !sii claro te voy a ayudar.

Llegaron a la casa el señor mando llamar a todas las chicas asu amante y ala dueña Tini feliz dijo acá ya me salvé pero nooo,fue todo lo contrario el señor la agarró de sus brazos y dijo ! Acá les presento ala traiidora de la casa invento que la trajeron engañada y asta inventó que mi mujer tiene otra familia no se como pueden tener a esta clase de mujer entre ustedes tendrían que demostrarle quien manda acá, la miraron tan mal que la llevaron en una habitación y todas por turno la golpeaban y se burlaban de ella, hubia una se ellas que se tomó con ella desde que llegó la odió y le tiraba mucha mala onda

Un día Tini estaba cocinando y vino la chica y le dijo ! Ya se te esta notando lo prostituta, le agarro mal a Tini reaccionó como nunca y le rompió por la cabeza un termo caliente que estaba cerca ,Tini la hecho al piso se subió encima y le dijo que sea la primera y última vez que me llames así ,no odio ni desprecio loq ustedes hacen ,el hecho que yo no quiera ejercer su profesión no quiere decir que soy diferente ni nada que ver respeto su trabajo y ustedes deberian de respetar mi decisión de no querer hacer loq no quiero y la dejo ahí en el piso

Desde ahí la dejaron de molestar, esa noche en el salón Tini vio a un cliente nuevo que estaba como distanciado del resto de la gente, ella siempre tras de las barras con su supuesta tía no podía hacer nada y en unos de esos ese señor raro vino y pidió un trago Tini lo atendió le pregunto como te llamas bonita? Y ella le responde soy Tini sobrina de la dueña !ahh mira le responde el señor pensé que eras una de las trabajadoras en eso la señora se mete y responde! No no ella no trabaja"Todavía" es mi sobrina le estoy solo mostrando el ambiente

El señor después de un ratito se retira del lugar el dia siguiente vuelve y de nuevo Tini la vio el señor era diferente que los demás no tomaba mucho no se iba con la chicas solo se iba a sentarse escuchar música y observar a todos en el lugar se iba todos las noches durante 2 semanas después una noche menos pensado el señor va y le dice a Tini querés bailar? Y ella le responde No señor no puedo estoy sirviendo tragos!

Y el señor retira amablemente y el día siguiente regresa y esta vez ya le pidió permiso asu supuesta tía, el le dijo que sólo sería un baile que no se preocupara la señora aceptó y dijo que ella pondría la música y puso una canción corrida así para que no pudieran hablar término la música y ella inmediatamente volvió ala barra porque la dueña no le quitaba los ojos de encima.

Ultima parte.

Entonces Tini deside arriesgarse nuevamente para pedir ayuda esta vez planeó escribir una carta bien larga escribiendo todo loq le estaba pasando puso su nombre apellido número De documento todo ya llevaba 25 largos días en ese lugar planeó todo era su única y última oportunidad porque en esa semana ya habían decidido subastarla al mejor postor del salón

Entonces lleva acabo su plan y esperaba que ese señor raro la invitara a bailar para pedirle ayuda entregándole la carta está vez el señor mismo había puesto otra canción.

Más tranquilo y podrían hablar de a poco mientras bailaban el señor le pregunta a Tini cuantos años tienes bonita? Y ella asustada temblando de los nervios no pudo soportar y empezó a lagrimear y ahí el señor le pregunta qué pasa ten confianza cuentame la señora no le dejaba de mirar y en un descuido Tini puso la carta en el bolsillo del señor habia doblado asta no poder la carta lo escondía en su sostén

Después Tini le dice al señor ve al baño disimuladamente saca la oja del bolsillo y Léela porfavor pero no hagas escándalo ayudame y Tini se retiró volvió ala barra a servir tragos , después de un rato vio al señor volver al salón a sentó pidió un trago se despidió le pasó la mano ala señora pago sus cuentas y por primera vez se despedía de Tini pasándole la mano ,apretó fuerte su mano y le agradeció con una mirada haciéndola entender que todo estaría bien.

El día siguiente el señor ya no vino más Tini muy emocionada y nerviosa dijo !!no debí confiar en el como se me pudo ocurrir que un extraño me ayudaría entonces ella pidió permiso ala señora se retiró las chicas todas mirándola mal diciendo porque tantos privilegios con ella? La dueña ya había desidido subastarla ese fin de semana y esa noche ella se encerró temprano porque les dijo que le dolía mucho la cabeza y que la música le hacía muy mal

Después de unos minutos la dueña vino a

decirle que se salga de esa habitación porque estaba viniendo un pariente de ella y que se quedaría ahí y que ella usara una habitación que estaba en el fondo de la casa, ella dijo bueno no hay problema y se mudó de habitación ,un poco más tarde ella se tuvo que levantar para ir al baño se tuvo que salir afuera porque no había uno en la pieza en ese instante vio a dos hombres parados ahí como esperando que ella saliera le dijeron como estas Tini? ya que no nos quisiste atender en el salón ahora lo harás en privado te crees mucho porque eres bonita?o porque no quieres trabajar como todas

La agarraron ,la golperon empezaron a sacarle todo su ropa la manoseaban todo ,no había nadie para ayudarla estaba separado del salón la habitación y si gritaba no la oirian por la música la metieron en la habitación abuzaron de ella físico y mentalmente, logro correr de ellos un poco estaba muy golpeada y con la última fuerza que tenía logró darle con un extintor a uno de ellos el otro siguió golpendola ella se cayó y les dijo ,Porfavor no me hagan nada Yo no trabajo así porque tengo "Sida" por eso no puedo trabajar para no contagiar a nadie ella se cayó desvanecida y ellos después se fueron de ahí

El Día siguiente día 27 se levanta temprano como todos los dias, se baña se maquilla pero toda golpeada apena podía caminar del dolor todas durmiendo ,entonces derrepente ve que dos vehículos lujosos se hacerca ala casa ella como sin nada dijo seguro son los clientes de ellas que la buscan para salir y llegan ala casa ella mira Asia ellos y para su sorpresa el primero que ve bajarse es el señor a quien ella había entregado la carta se puso tan feliz en ese momento que corrió a abrazarlo ni sintió el dolor en ese momento Rápido se baja otro señor del vehículo y la atiende inmediatamente a Tini le limpió todo su herida y ella al fin se calmó

Llamaron a todas las chicas alas Dueñas del local a todas incluida la señora que la llevó su Amante todos.. derrepente el señor saca su maletín con muchos documentos y dijo Mira fulana dirigiéndose alas dueñas de la casa y del negocio ,acá se cometió un delito muy grave investigue todo sobre esta chica no es tu sobrina y es menor de edad quiero saber que piensan hacer con este caso porque este señor que vino conmigo es abogado y va a efectuar una demanda contra ustedes por este caso

Ahí salió Tini y dijo muchas gracias Señor pero no quisiera que mi familia ni mi novio se enteren de esto con que me saquen de aquí es suficiente porfavor solo quiero volver a casa y el señor le dice bueno ,pero tendrán que pagar los daños cometidos contra ti Tini responde solo quiero que me paguen loq me gane sirviendo tragos y limpiando la casa solo eso y también quiero que todas las chicas que me trataron mal me pidan disculpas por sus malas acciones conmigo solo eso pido Nada
más ,inmediatamente le devolvieron sus documentos a pedido del abogado

Entonces se disponen a despedirse las chicas se hacercan y les piden disculpas y le dicen perdonamos Tini disculpa nuestro egoísmo y envidia sos tan joven y linda que nos dio envidia tu forma de ser y no dejarte pisotear por nadie por nuestra culpa sufriste esa violación porque no supimos cuidarte,ojala algún día nos perdones y se retiraron del lugar

Entonces Tini se preguntaba cómo ellas se habían enterado de loq me paso porque a esa hora nadie sabía nada todas seguian durmiendo habrán sido ellas las que planearon todo y será que fueron ellas las que la llevaron a la habitación del pasillo donde ella había desvanecido esa noche ? Será algo que ya nunca podrá saber ,y bueno por fin término la pesadilla par Tini los señores la llevaron a un pequeño centro asistencial donde confirmaron que sí había sido abuzada sexualmente pero que no era muy grave que capas y no habían llegado ala penetración pero sus partes íntimas estaban lastimadas ella se mandó revisar porque no supo que paso después que no pudo más y se desmayò

Bueno salieron de ahí la acercaron asta un pequeño terminal de buses el abogado se quedó ahí y el señor que la rescató la acompaño asta la terminal más grande del país donde por fin tomaría el bus para volver a casa llegaron el señor le compro el pasaje almorzaron se despidieron con un abrazo tan fuerte Tini le dijo! eres el Ángel que Dios mando para salvarme, muchas gracias y ella se subió al bus y regreso por fin después de un 27 días mas largos de su vida

Volvio a casa nadie sabía que ella estaba regresando después de un infierno que vivió en ese lugar no les contó nada asus padres ni a su novio siguió su vida como sin nada hubiera pasado solo les dijo que no se hallaba lejos de ellos solo eso les dijo y así pasaron las cosas en la vida de Tini ella comprendió que aunque sea un vecino un amigo nunca hay que confiar de más en nadie, y si van a dar un paso tan importante como viajar a otro País primero se tendría que averiguar que tan cierto es lo que te cuentan ,dar ese paso prevendría casos como este en donde la mayoría de las mujeres no tienen la misma Suerte que tuvo

Tini para escapar de esa gente,Aunque ya quedó marcada para toda su vida.

(La historia de Tini)

Printed by Books on Demand GmbH, Norderstedt / Germany